जीवन तरंग

जीवन की विविध रंगों से सराबोर कविताओं का संग्रह

सुमन कुमारी चौबे तिवारी
"सुवासित"

सादर श्रद्धा सुमन अर्पण : मेरी कविताओं के इस प्रथम संकलन "जीवन तरंग" को मैं अपनी पूजनीया सासूमाँ स्व॰ श्रीमति कमला देवी जयदेव तिवारी (1940-2022) को समर्पित करती हूँ, जिनके आशीर्वाद और प्रेरणा से ही मैं इस मुकाम पर खड़ी हूँ। सादर नमन

क्रम-सूची

क्रम-सूची

लेखिका और कवयित्री श्रीमति सुमन कुमारी चौबे तिवारी "सुवासित" का जन्म भारतवर्ष के बिहार राज्य स्थित भागलपुर के कहलगाँव में प्रतिष्ठित चौबे परिवार में हुआ। इनके पिता श्री योग नारायण चौबे, इंजीनियरिंग की पढ़ाई करके बिहार सरकार से सेवानिवृत हैं और माता श्रीमति जयश्री चौबे, संस्कृत से स्नातक और सुलझी हुई गृहणी हैं। लेखिका ने विज्ञान के वनस्पतिशास्त्र संकाय में स्नातक की पढ़ाई की है। इनकी शिक्षा कहलगाँव एवं भागलपुर में हुई। शिक्षा पूर्ण करने के उपरांत लेखिका का विवाह मोतीहारी, पूर्वी चंपारण के प्रतिष्ठित तिवारी परिवार में श्री मारुति रंजन तिवारी से हुआ। बचपन से शिक्षित और संस्कारी परिवार का साथ होने से लेखिका पठन पाठन और लेखन के तरफ शुरू से ही अग्रसर रही। पति की सहधर्मिणी

बनने के साथ साथ, देश के विभिन्न हिस्सों में रहते हुए, लेखिका ने पठन पाठन और लिखने के कार्य को अनवरत जारी रखा।

वर्तमान कविताओं का संग्रह, जो लेखिका के जीवन यात्रा के विभिन्न अनुभूतियों और अनुभवों पर आधारित है, उन जीवन तरंगों पर आधारित है जो अनेकानेक परिस्थितियों की साक्षी हैं। शुभकामनायें ।

अक्षर बोल पड़े

मन की कल्पनाओं ने भरी उड़ान, दृश्य हुए निष्प्रभ में प्राण।
गहरी सोच ने भरी चौकड़ी, निकल पड़ा कहाँ विश्राम?

वार्तालाप करें सब जीव, कंकड़ पत्थर हुए सजीव।
जड़ चेतन से हम ने सीखा, उनकी भाषा में सब निरखा।।

कुछ थे साकार, कुछ निराकार, अच्छे बुरे, कुछ धुआँधार।
जीवन के सार का कर निचोड़, अक्षरों को फिर लिया जोड़।।

अक्षरों ने मिल के रचा शब्द, शब्दों को पिरोया लड़ियों में।
उन लड़ियों को फिर जोड़ लिया, कविता का आविर्भाव हुआ।।

हृदय से निकलते भाव - अक्षरों ने गढ़ा जिनका स्वरूप।
जन्म लिया मेरी कविता ने, शब्दों ने उसे दिया मूर्तरूप।।

कविता रूपी इस भाव मूर्ति को उलट पुलट कर परखा।
तब अक्षर बोल पड़े, मेरे मनोभावों के, अक्षर बोल पड़े।।

अमृतपान

जन्म लिया मैंने, कष्ट सहा, प्रथम दृग खोले,

लगा कि कारावास से निकला,

जग था गर्म हवा का झोंका,

कोलाहल था, कहाँ फँसा मैं? चिल्लाया, कुछ बोलना चाहा,

रोया, फिर से चिल्लाया मैं,

पुकार लगाई प्रेमीजन को,

अजनबी यहाँ सब, मेरे कहाँ थे?, आवाज न निकली, रोना आया,

फिर से पुकारा, ओ मेरे बच्चे,

मेरी बच्ची, नाते नातिन,

कहाँ हो तुम सब? कोई न आया, तभी कटा कुछ, फौव्वारा खून का,

बड़ा दर्द था, कोई बचाओ,

मुझे किसी ने हृदय से लगाया,

कोई है अपना, सबसे प्यारा, हुआ मुझे फिर कुछ आराम,

करने लगा मैं अमृतपान

सुखमय गर्माहट की शाम,

पकड़ लिया उसकी उंगली को, और नींद में की विश्राम,

भूल गया मैं अपने सब दुख,

स्नेहमयी माँ, वक्ष निरापद,

दैवीय धाम, करने लगा मैं अमृतपान, करने लगा मैं अमृतपान।

सखियों का धन्यवाद

चोटी गूँथा, वसन पहनकर, पहुँच गई मैं विद्यालय।
सखियों ने किया स्वागत, मन में मेरे समरसता का लय।।

पाठ पठन और ललित कला सब में मैं ही अव्वल थी।
भाषा पर भी पकड़ थी मेरी, ना कोई समकक्ष मेरे थी।।

लिया जन्म ईर्ष्या ने फिर षड्यंत्र की जुगत लगाती।
कभी कोई मेरी चुगली करती, कोई मुझे झुठलाती।।

ठान लिया मैंने कि ना कभी ध्येय से मुझे डिगना है।
प्राप्त करना अपने ही लक्ष्य को मेरा ये सपना है।।

दुखी कभी, कभी क्रोध में भरकर मुझको लक्ष्य दिखाया है।
लक्ष्यहीन वो सखियाँ जिनने मुझको सदा सताया है।।

मार्ग में तेरे प्रगति के, सब काँटे सदा मिलेंगे।
भटका मन गर, उस प्रपंच में लिपट के रह जाएंगे।।

उन सखियों का धन्यवाद, जिनने मुझको संधर्ष सिखाया।
तपता सोना निखर गया, तपकर सुंदर भूषण बन पाया।।

मैं रूठ गया

मैं रूठ गया तुमसे प्यारे, इतना तो हक है ही अपना।
मना लोगे तुम, ये निश्चित है, छोड़ के सारे जिद, है ना।।

ये तो चलता ही रहता है, कभी तुम रूठो कभी मैं रूठूँ।
प्यार इसी से बढ़ता है, कभी तुम पुछो, कभी मैं पूछूँ।।

तकरार की कोई जगह नहीं, ना अहं के टकराहट की।
मैं पीछे हटूँ, तुम हट जाओ, पहचान यही प्रेमीजन की।।

इस दावानल में कौन है जो, शीतल मंद समीर बहाये।
कौन है जो गम भूल के अपने प्रियजन का मन हर्षाये।।

इसमें भी प्यार छिपा है प्यारे, तुम रूठो मैं तुम्हें मना लूँ।
जैसे तुम हो वैसा ही मैं, प्रेम भरा घट मैं बरसा दूँ।।

करो वादा, रूठना ना ज्यादा, समाधान हो सके ना जिसका।
कड़वाहट ना हो इतना, जो सह न सके ये डोर प्रेम का।।

मैं रूठ गया तुमसे प्यारे, इतना तो हक है ही अपना।
मना लोगे तुम, ये निश्चित है, छोड़ के सारे जिद, है ना।।

रमणीय उपवन

रमणीय उपवन,
रमते जिसमें द्रुम तरुवरगण,
शोभते संग पादप मनोरम,
रम्य वाटिका, "सुमन सुवासित"
खिलती बेलरियाँ, मदमाती,
रंग बिरंगी, सुगंध से हर्षाती,
बेला, चमेली, जूही, केतकी
और सुवास गुलाब की,
मन को मुदित कर जाती।

पैदा होती रोज वो कलियाँ,
परिवर्तित होती पुष्पों में,
पुष्पों की होती उन्नति,
सुगंध प्रसारित करती जग में।
जग हर्षित होता मधुर गंध से,
मनुज का खिन्न है मन मुस्काता,
क्षुब्ध हृदय मानवमात्र का,
सकारात्मकता से भर उठता।
देखो इन कलियों को जी भर,
निकट से कैसी सुहाती हैं।
प्रातः उत्पन्न, दिवस सुगंधित,
सांझ को मुरझा जाती हैं।
कली एक जो सुबह को हँसती,
अगली सुबह वो कहाँ देखती?
गिर जाती, फिर मर जाती वह,

जीवन तरंग

जग में लाती प्रेम, दर्द सह।
मनुज तुम्हें क्या फर्क है पड़ता,
दूजे का क्या दर्द समझता?
क्या कभी कली के मर्म को जाना?
कभी दर्द को समझा? पहचाना?

कली हैं हम सब इस उपवन के,
शिशु रूप हम प्रात: आते,
जग को सारे अपना बनाते,
मिलकर बाधाएँ निपटाते।
गंध मधुर फैलाते जाते,
सांझ ढली फिर, जरावस्था,
मुरझाते, कहाँ चले जाते?
याद हमारी रह जाती तब, ...
दिन, वर्ष या उससे ज्यादा ....
कली ही हैं हम इस उपवन के,
बेला, चमेली, जूही, केतकी,
और मनमोहक गुलाब की,
करते प्रसार मिलके अपने सुवास की।
ये जग ही है, रमणीय उपवन,
रमते जिसमें द्रुम तरुवरगण !!

अगला लक्ष्य बना जाओ

पथिक, तुम चलते रहो ठहरो नहीं, जबतक तुम लक्ष्य ना पा जाओ,
ये लक्ष्य नहीं एक मील का पत्थर, अगला लक्ष्य बना जाओ।
लक्ष्य पर लक्ष्य फतह कर लो, जीवन लक्ष्यों की अविरल धारा है,
लक्ष्यहीन मनुज का जग में, कहाँ मान मर्यादा है।

पथ पर काँटे भी होंगे, होंगे कितने कंकड़ पत्थर,
कितनी भी बाधायें आयें, भटकोगे भी तुम कैसे नर।
चाहे आँधी हो या तूफान, तुम्हारा तो है लक्ष्य प्रधान,
लक्ष्य प्राप्ति में ही है भरा तुम्हारा आत्म सम्मान।

साहस का परिचय दो, मिटा के रख दो कायरता को,
दृढ़ निश्चय का भान करो, जीतोगे तुम ही इस रण को।
प्रथम लक्ष्य निर्धारण कर लो, करो नहीं तुम फिर आराम,
पूरी तन्मयता से लग जाओ, अविलंब पूरा करने यह काम।

ये लक्ष्य नहीं एक मील का पत्थर, अगला लक्ष्य बना जाओ,
पथिक, तुम चलते रहो ठहरो नहीं, जब तक तुम लक्ष्य ना पा
जाओ।

मुझको सुंदर गीत सुनाओ

प्रीयतम मेरे पास तुम आओ, आकर मेरा दिल बहलाओ,
पूरक हो तुम मेरे, मिलकर मुझको तुम सम्पूर्ण बनाओ।

अपने हृदय के पंखों से मुझको हलराओ तुम दुलराओ,
हँसा हँसा कर मुझको, मेरा व्यथित हृदय तुम सहलाओ।

काँटों से बिंधे हैं पग मेरे, जीवन के इस निर्मम जंगल में,
दिखता न मुझे कुछ ओरछोर, विषम विहड़ कंटक वन में।

वन भरा पड़ा है निशाचरों से, व्याघ्र आदि पशुओं से,
जीवन के घोर तिमिर में बोलो इनसे मैं निपटूँ कैसे?

इन दर्द भरे मानस घावों पर, तुम अब मरहम लगा जाओ,
एक सुंदर सा तुम गीत सुनाओ, मेरा क्लेश मिटाओ।

वह गीत जो मुझको नील गगन में सैर करा कर लाये,
तारों के स्नेह संदेशे लेकर चाँद से भी मिला जाये।

मेरा हाथ पकड़ लो कसके, शक्ति संचरण करा जाओ,
एक कर्णप्रिय तुम गीत सुनाओ, सब संदेह मिटाओ।

फिर सम पर आना है,

कुछ कायदे कुछ पलटे हैं, कुछ परन और कुछ तोड़े हैं,
ताल की आवृतियों में, कर के कलाकारियाँ,
दिखा कर अपनी खूबियाँ, फिर सम पर आना है,
हमें फिर सम पर आना है।

जीवन के इस जंग में, कभी क्षोभ और विक्षोभ है,
कभी रार और तकरार है, कभी अकड़ और अहंकार है,
त्यागो इन्हें और लय मिला तिहाई कर लो, फिर हमें,
तब सम पर आना है, फिर से सम पर आना है।

गर ना मिला सम, व्यथित है मन, थाह ना एकदूजे की,
संगीत समागम ये कैसा? सम न हो जिसमें कभी?
वादक बजाए, गीत गाये, अपनी अपनी सब चलायें,
तेरी डफली तू बजा और मेरी डफली मैं बजाऊँ।

बोलो क्यों इतना विषम? विस्तृत है गम,
ना प्रेम है ना त्याग है, ना ताल ना संगीत है,
ना वाद ना संवाद है, अंतरे में हर विवाद है,
प्रेम है यह मनःचिंतन, आधार जीवन का यह सम,
सामंजस्य है यह त्याग भी है, गीत है सुर ताल है,
लयकारियों में जिंदगी की, मिलन होता रहे हरदम,
बारंबार आना है, हमें फिर सम पर आना है।

तुमसे ही नेह लगाए हैं

उठो मित्र छोड़ो रुदन,
जाने वालों को विदा करो, आने वाले आस लगाए हैं,
उठकर उनका स्वागत कर लो, तुमसे ही नेह लगाए हैं।

रुको जरा उनको देखो, मंद हँसी और किलकारी,
कोमल बाहें उनकी, देखो दिखती हैं कितनी प्यारी।

टकटकी लगाए खोज रही हैं, तुमसे अपनी ही यारी,
मुस्कानें उनकी ऐसी, जिनपे लुट जाए दुनिया सारी।

अब छोड़ो तुम आ जाओ, कर लो अब उनका आलिंगन,
तृप्त हुआ उनसे हम सबका, तृष्णा भरा हृदय तनमन।

देखो जादू सी मुस्कानें, जादू ही करने आए हैं,
जाने वालों को विदा करो, ये ही समझाने आए हैं।

उठकर उनका स्वागत कर लो, तुमसे ही नेह लगाए हैं,
उठो मित्र छोड़ो रुदन, आने वाले आस लगाए हैं।

कुछ तुम कहो कुछ मैं कहूँ

कुछ तुम कहो कुछ मैं कहूँ, कुछ काम की कुछ ऐसे ही।
कुछ प्यारी कुछ न्यारी सी जो,
मन को तरंगित कर सके।
कुछ प्रेम की कुछ राग की,
कुछ ना सही बस ऐसे ही।
कुछ तुम कहो कुछ मैं कहूँ, कुछ काम की कुछ ऐसे ही।
तुम ख्वाब हो मेरी नींद की,
जगते ही तुमको देख लूँ।
आँखों में तेरी झाँककर,
दिल की तुम्हारी थाह लूँ।
कुछ तुम कहो कुछ मैं कहूँ, कुछ काम की कुछ ऐसे ही।
अब कुछ नहीं बस तुम ही हो,
मन में हमारे घर करो।
हृदय हमारा स्वर्ग है,
देवी स्वर्ग में ही रहो।
कुछ तुम कहो कुछ मैं कहूँ, कुछ काम की कुछ ऐसे ही।

वह कभी शिखर पर था

वह शिखर पर था, हर तरफ थी रौशनी, मेला लगा था।
सर्वसुख, अनुराग और स्तुति वंदन, प्रेम का रण,
लोगों का रेला, हर तरफ संपन्नता, खुशियों का संगम।
भरा जिसमें, प्यार और विश्वास, जीवन भी था अनुपम,
मन प्रफुल्लित और हर्षित, तन भी तो तारुण्य पर था।
जो भी चाहो मोल ले लो, धन का भी टोटा कहाँ था?

धवल वस्त्र संग नवल पग थी, शीश की शोभा बढ़ाती,
स्वच्छ और सुमधुर काया, पवन संग खुशबू लुटाती।
दूर से ही देखते जब लोग सब, करते नमन,
नैन थकते ना कभी करके अलौकिक दिव्य दर्शन।
भाग्यशाली जो मैं होता, कर सकूँ सर्वस्व अर्पण।

शिखर से आया जो नीचे, तलहटी में, ना था कोई,
कहाँ हैं वो लोग, वो संपन्नता खुशियों का रेला? हे अधोजन,
कहाँ है विश्वास? उसका तरुण तन और कर भरा धन?
फटा पग और वस्त्र जर्जर, मलिन तन बदबू फैलाती,
उफ, हटो सब, चलो भागो, सामीप्य उसकी ना सुहाती।

कौन है ये पतित इतना, क्या कभी ये सभ्य भी था?
देव था वो इस जगत का जब शिखर पर वो खड़ा था।

सभी हैं सुंदर

तेरी आँखों में दिखा, एक सपना सुंदर,
और सपनों का शहर, है बगिया उर्वर।

और झरनों का है झरझर, झरनों में मछलियों का घर,
खिलखिलाती और गाती, सही सुना, मछलियाँ गाती।

उनकी स्वर लहरियाँ, मंद वायु संग बहती जाती,
वायु में सुगंध भी है, तीक्ष्ण जो कभी ना भूलाती।

शहर नहीं ये वन मनोरम, इसमें सारे जीव सुंदर,
एक दूजे पर न्योछावर, ना तो कोई छल है ना कपट ही है।

सभी सुंदर, एक से सब एक सुंदर,
हर तरफ सब ही हैं सुंदर, सभी सुंदर।

तेरी आँखों में दिखा, एक सपना सुंदर,
और सपनों का शहर, है बगिया उर्वर।

सपनों से इतर सब कुरूप

एक दुनिया ये भी, सपनों से इतर,
वास्तविक जगत के कड़े धरातल पर!

कैसा है जी ये शहर? भूमि ऊसर,
सूखे झरने, कहाँ निर्झर ?
मछलियाँ हैं मरी हुई, और गईं सड़,
जमीं है उसपर देखो कीचड़।

कहाँ हैं वो स्वर लहरियाँ ?
कैसे कर्कश स्वर हैं इनके।
ये तो हैं बेताल बेसुर
निजात कैसे पाएँ आखिर?

गर्म वायु के हैं झोंके,
तन झुलसना कैसे रोकें?
छल कपट से भरे हुए ये
मन हैं इनके कितने बहके?
सब तरफ बदरंग है इनका स्वरूप,
एक से एक हैं कुरूप, हर तरफ हैं ये कुरूप।

सुन लो मेरी हे दामोदर

सुन लो मेरी हे दामोदर,
जैसे खेला बाल सखा संग,
सबका मन हर्षाया।
माखन दधि के छींके तोड़े,
अद्भुत छवि दर्शाया।

की लीला गोपियों संग,
सबके दुख को हरने वाले।
गायों की चरवाही की,
यशोदा माँ से डरने वाले।

जैसे सुन ली गज की तुमने,
ग्राह को भी मुक्ति दिलवा दी।
द्रौपदी ने पुकारा भरी सभा में
लाज उसकी तुमने ही बचा ली।

मेरी अब सुनलो हे दामोदर,
कर दो मेरा बेड़ा पार।
त्रिविध ताप से मुझे निकालो,
दुखों का मेरे करो संहार।

एक गिलहरी

मेरी बगिया में एक गिलहरी, रोज सुबह आ जाती,
भागती दौड़ती, चिक चिक करती, शायद मुझसे बतियाती।

कुछ दाने थे गमलों में, छोड़े थे कुछ चिड़ियों ने,
कुछ मैं दे जाती चुपके से, नि:शब्द अपने आँगन में।

चौकन्नी सी वह आती, नन्हें दोनों कर फैलाती,
उठा लेती वह दाने, जितने हाथों में ले पाती।

कुतर कुतर कर खाती, कुछ बच्चों के लिए बचाती,
दो हाथों में थाम उन्हें, अपने घर को वह जाती।

हुआ खटका, लगा झटका, वो तो सरपट दौड़ लगाती,
छोड़ो दाने, जान बचाओ, हमको वह सिखलाती।

इस जीवन में बनो मनुज तुम, सदा चपल स्फूर्तिवान,
छल प्रपंच धोखा आडंबर मिले हमेशा, सावधान!! ।

सुंदर पेड़

राह में खड़ा एक पेड़, ना तो कोई फूल है, ना फल है।
पत्ते भी तो एक नहीं, क्या हुआ इसे?

पतझड़ आया इसके जीवन में,
कुछ पड़ी ठंढ, कुछ पड़ा पाला,
विश्वास को इसके हिला डाला।
फिर भी मजबूती से खड़ा यह पेड़,
कैसे करे अपने अरमानों को ढेर?

पतझड़ के बाद ही तो वसंत आयेगा,
रात जैसे जाएगी, दिवस तब आयेगा।
नई बहारें, नन्हें कोंपल पत्तों का शृंगार,
सुंदर सुगंध बौरों से मधुर गंध प्रसार।

सुंदर फूल इसके और निकले मीठे फल,
इसकी तपस्या नहीं निष्फल।
चहचहाती चिड़ियों के झुंड ने,
वातावरण को गुंजार कर दिया।
सूखे पेड़ के जीवन में वसंत आ ही गया।

कौन साथ आएगा

चलो बच्चों चलो बच्चों,
खेल खेलें, गिल्ली डंडा, कबड्डी कंचा,
दो नहीं ना तीन, तुम सब भी आओ,
कम नहीं दस बीस आओ, मन लुभाओ।

मस्त है ये खेल अपना, सबको सिखाएँ,
दल बनाएँ, और बिगाड़ें, फिर बनाएँ।
मेरे दल में ये भी होगा, वो भी होगा,
तुम कहाँ? आ जाओ ना, सब मिल के खेलें।
खूब खेलें खूब खेलें ....

हो गई अब साँझ, अब सब घर चले,
एक एक करके सब चले।
अब तो केवल मैं ही तो बचा अकेला,
गुमसुम सा एकदम अकेला।
आ गई अब मेरे भी जाने की वेला,
कौन मेरे साथ आएगा ?
ये नहीं वो भी नहीं, कोई नहीं! कोई नहीं!

मृगमरीचिका

मैं हिरण,
एक पथिक, प्यासा .... थका माँदा,

दूर देखा, ऊँचे टीले से, मरुभूमि में ....
आशा की किरण,
एक सोता जल का, जिजीविषा!

पास जाने की थी हसरत,
प्यास का निर्वाण करने।
चल पड़ा और निकट आया,
कुछ न था बस रेत के कण।

ठगा हुआ सा..........
कुछ भी तो ना हाथ आया?
पुनः देखा, वही सोता,
दूर से झिलमिल वो करता,
पास जाने पर न मिलता।
वो तो थी एक मृगमरीचिका!!

सुर ऊँचे नीचे

मेरे सुर हैं ऊँचे नीचे,
श्रुतियाँ विकल, प्रयास निष्फल।
बने तीव्र, जब चाहूँ कोमल,
संयम असफल, मान मर्दन,
मन: क्रंदन और विघटन ।

देव, छोड़ो ये रुदन तुम,
सुरों का अभ्यास कर लो।
पुनः बारंबार कर लो।
सुंदर स्वर छिपे हैं इसमें,
इनकी तुम पहचान कर लो।
साध लो तुम इन सुरों को,
चाहो तो बंदिश बना लो।

कर्णप्रिय और मन लुभावन,
संगीत सुंदर तुम बना लो।
देव, छोड़ो ये रुदन तुम,
कर लो तुम अभ्यास कर लो

मन मलीन

श्रद्धा विहीन है मन मलीन, जीवन की यात्रा कठिन,
शुरुआत सही कर दी थी तड़के, बाद में फिर देर कर दी।

कुछ यहाँ रुककर की विलंब, कुछ मधुर ख्वाबों का अवलंब।
समय तो उतना ही था मेरे लिए भी,
समय की अवमानना ना कर कभी भी।

सूर्य अब तो सर पे थे, राह थी अधूरी,
मार्ग दीर्घ था वक्त कम, प्रयास अब तो तीव्र कर दी।

आहट भी हो गई अब तो सांझ की, बड़ी थी दूरी,
क्षति समय की सुबह की क्षणिक सुखों ने की अपुरी।

आई क्यों मेरे राह में बन क्षद्म दुश्मन,
गर न करता विलंब मैं बेपरवाह बन,
होता मैं गंतव्य पर अभिजीत बनठन।
आराम से, अनुरक्त सा, कर रहा होता मस्ती में भजन।
पर अब उन आद्य क्षणिक सुखों से,
श्रद्धाविहीन मन है मेरा मलीन।

अवगुणी में भी गुण

अवगुण में भी गुण है,
मद्यपान का आदी,
सोचे नहीं अपनी बरबादी।
एक ही गुण है उसके अंदर,
समयनिष्ठा ....

रोज वह नियत समय पर,
पहुँच जाता मद्यशाला।
गर जीवन में है आगे बढ़ना,
तो सीखो उससे उसकी,
समयनिष्ठा .... और अनुशासन,

पर पकड़ लेना नहीं,
मयखाने की कठिन डगर।
ले लो उसके एक गुण को,
छोड़ो सारे अवगुणों को।
लेलो उसके एक ही गुण को ....

कीचड़ बीच कमल

शीतल मंद बयार झील की, उसके किनारे कीचड़ में सने,
आगे कुछ थोड़ी सी नमी थी, पानी भी था आगे ज्यादा,

उसमें हरी पत्तियाँ खड़ी थी, हँसती हुई लहराती हुई सी,
गोल गोल कुछ तैरती, तो कुछ मेरे मन को तैराती सी,

मध्य झील में फूल थे खिलते, कमल के सुंदर फूल थे खिलते,
कमल ने देखा हमें और बोला, उसने हमारे मन को टटोला .....

हम कीचड़ में जन्म तो लेते, जल में रहते, कभी ना सड़ते,
फर्क नहीं हमें कुछ भी पड़ता, मैं तो कीचड़ से न यारी करता,

कभी भी तुम दुर्गुण ना सीखो, चाहे वो सहचर ही न क्यों हो,
दुर्जनों के बीच रह कर भी, अपने सद्गुणों को कभी न छोड़ो,

चन्दन द्रुम देता शीतलता, लिपटा रहता वो विषधर से,
तुम भी दृढ़ चरित हो बंधु, कभी ना सीखो तुम दुष्टों से।

बहू रानी मेरी

बहू रानी मेरी, सुशील सुघड़, सुनीत सुंदर,
पति की हमदम, जिंदगी की राह में, मिला के चलती कदम से कदम।
मर्यादाहीन वो कभी न दिखती, छद्म प्रदर्शन कभी न करती।

बुजुर्ग जनों का आदर करती, बच्चों संग बच्चा बन जाती।
सेवकों से भी वो ना लड़ती, प्रेम करती, हाँ, सबों से प्रेम करती।
हँसती हँसाती, मेरा भी वो जी बहलाती संग संग वो ही बतियाती।

वड़े, तिलौरी, पापड़, चटनी, मुरब्बे, अचार सब ही बनाती।
पाक कला में भी निपुण वो जिस व्यंजन को हाथ लगाती,
रस बरसता उसमें भी फिर, वह बड़े प्रेम से थाल सजाती।

और फिर दफ्तर भी जाती, मेरी गृह लक्ष्मी, थक भी जाती,
फिर भी बच्चों को वो पढ़ाती, खेल खेल में सब वो सिखाती।

अष्टभुजी वैष्णवी स्वरूपा, सुशील सुघड़ सुनीत विनीता,
कोई नहीं वो मेरी बहू है, बहू नहीं, बहू रानी है मेरी,

सुंदर दर्पण

चमकीले सुंदर दर्पण ने, मन मोह लिया,
सुंदर रूप प्रेयसी का अति सुंदर दिखा दिया।
हे दर्पण तुम तो होगे कितने सुंदर !

संसर्ग में जिसके प्रेयसी, है इठलाती अपनी सूरत पर,
मन में प्रेयसी के उल्लास और उत्साह जिसने दी भर,
हे दर्पण, तुम होगे कितने सुंदर !
देखने का मन चाहे बारंबार, हे दर्पण, तुम होगे कितने सुंदर !

ना, मैं नहीं ....
प्रेयसी है सुंदर, उसका मुख मण्डल, जैसे मोतियों भरा हीरे जड़ा,
मन भी है उसका कितना प्यारा! उसकी कल्पना से ही आनंद उमड़ा।

जैसा जो वैसा दिखलाऊँ, असुंदर को मैं कैसे सुंदर बनाऊँ?
मैं ना सुंदर ना असुंदर, तुमको ही मुझमें दिखलाऊँ।
निखार लो तुम अपना स्वरूप, देखो मुझमें अपना रूप।

जीवन तरंग

इठलाती और बलखाती, हँसती और गुनगुनाती,
कभी उठती औ कभी गिरती, कभी शांत कभी सकुचाती।

कभी दुल्हन सी शृंगार वो करती, घूँघट में छिप जाती,
मंद मंद मुसकाती, न्योछावर निःस्वार्थ कभी हो जाती।

दया भी करती, करुण हृदय से हमपर प्रेम वो बरसाती,
कभी अपने गोदी में लेकर हमको थपकी दे दे सुलाती।

कभी दिखती अद्भुत रस में, कभी शांत रूप धर जाती,
ये जीवन अपने तरंगों के विविध स्वरूप हमें दिखलाती।

काल के बदलाव में, जीवन तरंग कुछ अलग रंग दर्शाती, ...

कभी वीरों की भांति, कवच बन सबकी सुरक्षा करती।
कभी भयावह हो जाती, अपना अस्तित्व वो समझाती,

कभी चिंघाड़ती वो, तो वो कभी रह रह कर फुफकारती,
कभी कभी तो चीत्कारती, कभी मौन वो शोले बरसाती।

अपने विविध प्रतिरूपों संग, ये हैं, जीवन तरंग के विविध रंग।

मेरी कविताओं का प्रथम संकलन "जीवन तरंग" पढ़ने के लिए मैं अपने सभी पाठकों का धन्यवाद करती हूँ।

मेरा उत्साह बढ़ाने के लिए आपसे करबद्ध प्रार्थना है कि मुझे "जीवन तरंग" के लिए उत्साहवर्धक और सचित्र समीक्षा (Review) प्रेषित करें, ताकि मेरा उत्साहवर्धन हो और मैं पुनः आपके समक्ष नई कल्पनाओं के साथ उपस्थित हो पाऊँ। आप सब मेरे ई-मेल से भी जुड़कर मेरा उत्साहवर्धन कर सकते हैं। मेरा ई-मेल आई डी sumanmaruti@yahoo.co.in है। मेरा फेसबुक मेसेंजर Suman Kumari Choubey Tiwari नाम से है। इसपर भी आप संदेश भेजकर मेरा उत्साहवर्धन कर सकते हैं।

सादर धन्यवाद,
सुमन कुमारी चौबे तिवारी "सुवासित"